ښوونځی - škola   2
سفر - putovanje   5
ترانسپورت - transport   8
ښار - grad   10
منظره - krajolik   14
ریستورانت - restoran   17
لوی پلورنځی - supermarket   20
څښاک - napitci   22
خواړه - jelo   23
کرونده - seosko gazdinstvo   27
کور - kuća   31
د اوسیدو خونه - dnevna soba   33
پخلنځی - kuhinja   35
حمام - kupaonica   38
د ماشوم خونه - dječija soba   42
پوښاک - odjeća   44
دفتر - ured   49
اقتصاد - gospodarstvo   51
مسلکونه - zanimanja   53
لوازم - alati   56
د میوزیک آلات - glazbeni instrument   57
ژوبڼ - zoološki vrt   59
ورزش - šport   62
فعالیتونه - aktivnosti   63
کورنۍ - obitelj   67
بدن - tijelo   68
روغتون - bolnica   72
عاجل - hitni slučaj   76
ځمکه - zemlja   77
ساعت - sat   79
اونۍ - tjedan   80
کال - godina   81
شکلونه - oblici   83
رنګونه - boje   84
متضاد - suprotnosti   85
شمیري - brojevi   88
ژبی - jezici   90
څوک/څه/څنګه - tko / što / kako   91
چیری - gdje   92

Impressum
Verlag: BABADADA GmbH, Nedderfeld 112 , 22529 Hamburg
Geschäftsführer / Verlagsleitung: Harald Hof
Druck: Books on Demand GmbH, In de Tarpen 42, 22848 Norderstedt

Imprint
Publisher: BABADADA GmbH, Nedderfeld 112 , 22529 Hamburg, Germany
Managing Director / Publishing direction: Harald Hof
Print: Books on Demand GmbH, In de Tarpen 42, 22848 Norderstedt, Germany

ښوونځی

škola

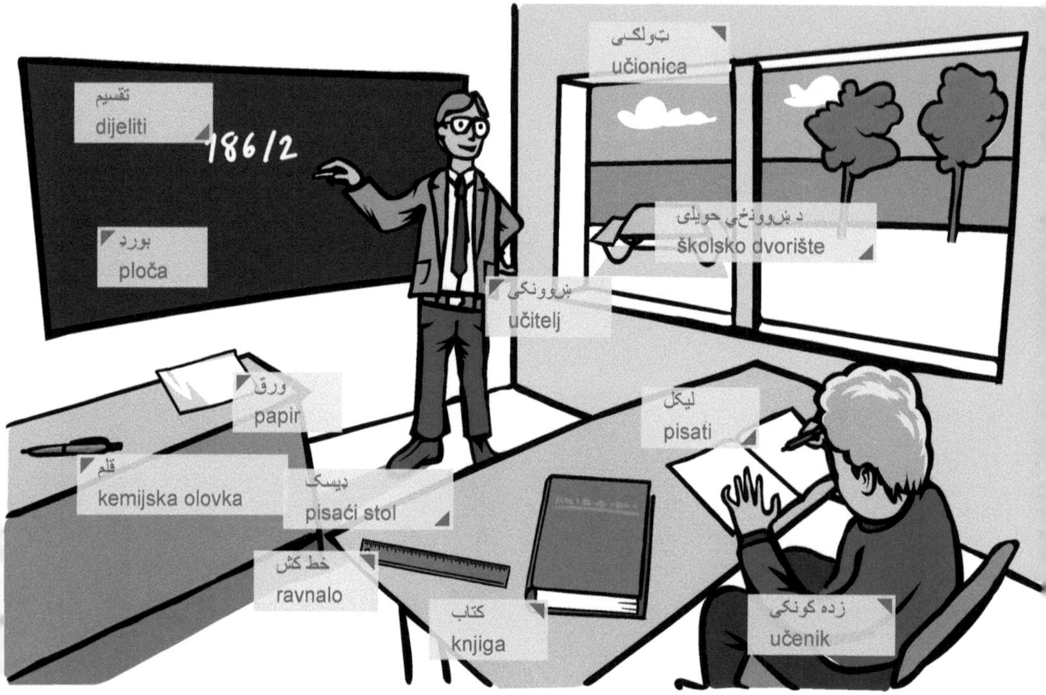

ټولګی
učionica
تقسیم
dijeliti
186/2
بورډ
ploča
د ښوونځي حویلی
školsko dvorište
ښوونکی
učitelj
ورق
papir
لیکل
pisati
قلم
kemijska olovka
ډیسک
pisaći stol
خط کش
ravnalo
کتاب
knjiga
زده کونکی
učenik

کڅوړه
torba

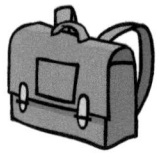

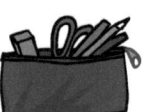

د پنسل بکسه
pernica

پنسل
grafitna olovka

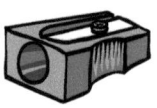

پنسل تراش
šiljilo za olovke

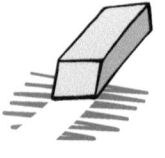

ربړ
gumica za brisanje

د رسامۍ پاڼه
blok za crtanje

رسامي

crtež

د نقاشی برس

kist

د نقاشی بکس

kutija s bojama

قيچي

makaze

سریش

ljepilo

د تمرین کتاب

bilježnica

کورنی دنده

domaći zadatak

12

شمیر

broj

2+2

جمع

sabirati

5-2

منفي

oduzimati

2×2

ضرب

množiti

حساب

računati

A

توری

slovo

ABCDEFG
HIJKLMN
OPQRSTU
VWXYZ

الفبا

abeceda

hello

کلمه

riječ

متن

tekst

لوستل

čitati

تباشیر

kreda

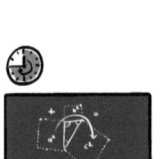

درس

sat

راجستر

dnevnik

ازموینه

ispit

تصدیق پانه

svjedodžba

د ښوونځي یونیفارم

školska uniforma

تعلیم

obrazovanje

دایره المعارف

leksikon

پوهنتون

sveučilište

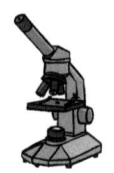

مایکروسکوپ

mikroskop

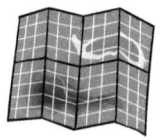

نقشه

karta

اشغالدانی

košara za papir

سفر
putovanje

هوټل
hotel
Grand
لیلیه
prenoćište
ROOMS
د اسعارو د تبادلې دفتر
mjenjačnica
XCHANGE
بکس
kofer
موټر
auto

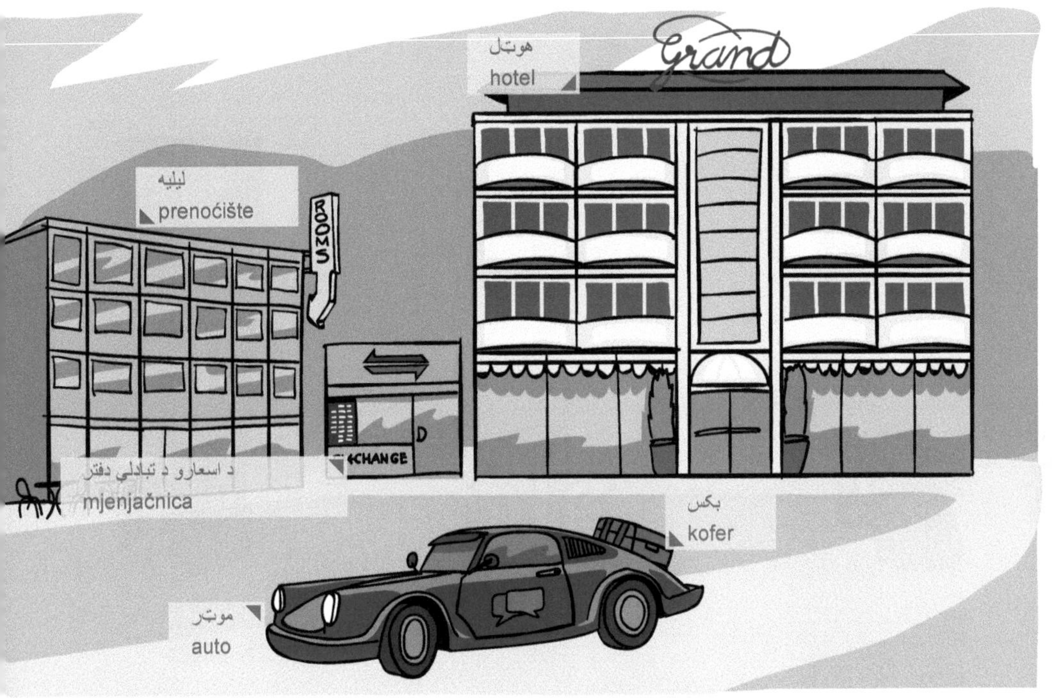

ژبه
jezik

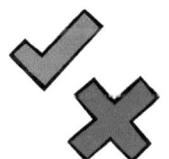

هو/نه
da / ne

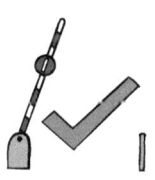

سمه ده
okay

سلام
zdravo

ژباړونکی
prevoditelj

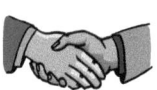

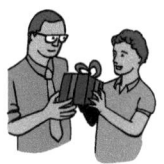

مننه
hvala

څومره دي...؟

Koliko košta...?

زه نه پوهيږم

ne razumijem

ستونزه

problem

ماښام مو پخير!

dobro veče!

سهار په خير!

Dobro jutro!

شپه په خير!

Laku noć!

په مخه مو ښه

doviđenja

لاريښود

smjer

سامان

prtljaga

بيګ

torba

شاتنی بکس

ruksak

ميلمه

gost

خونه

soba

د خوب كڅوړه

vreća za spavanje

خيمه

šator

سفر - putovanje

د توریزم معلومات

turističke informacije

ساحل

plaža

کریډیټ کارت

kreditna kartica

ناری

doručak

د غرمي خواړه

ručak

د شپي خواړه

večera

ټیکټ

karta za vožnju

لفت

dizalo

مهر

poštanska markica

پوله

granica

ګمرک

carina

سفارت

ambasada

ویزه

viza

پاسپورت

putovnica

ټرانسپورټ

transport

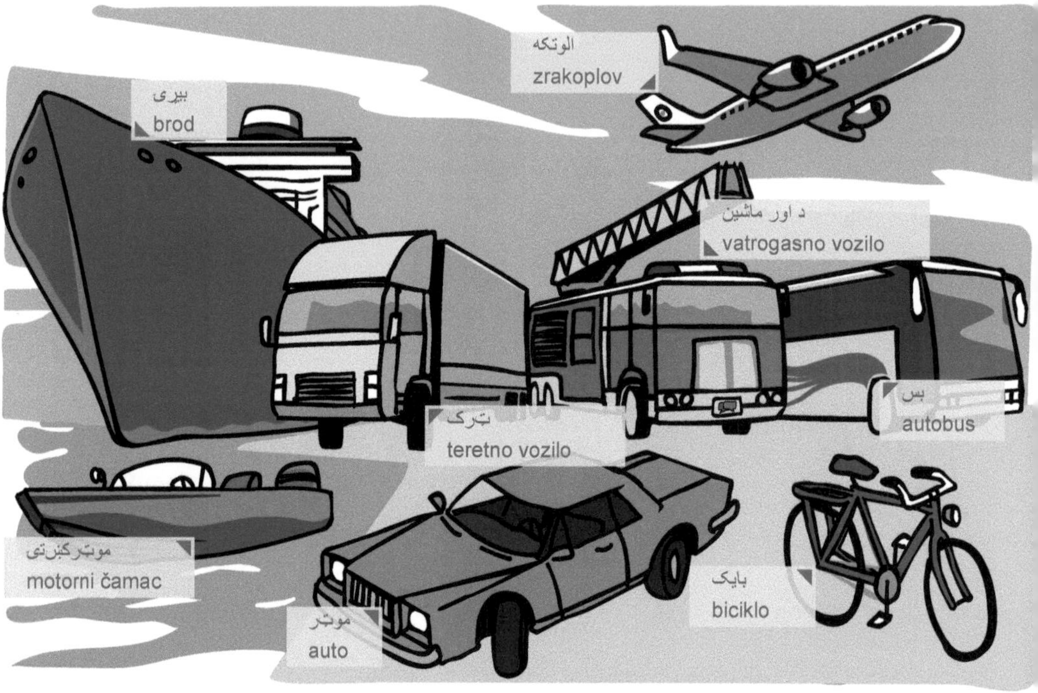
الوتکه
zrakoplov
بیړۍ
brod
د اور ماشین
vatrogasno vozilo
بس
autobus
ټرک
teretno vozilo
موټرکښتۍ
motorni čamac
موټر
auto
بایک
biciklo

کښتۍ

trajekt

کښتۍ

čamac

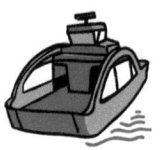

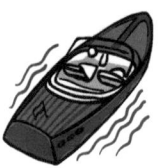

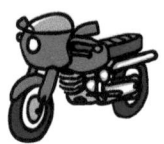

موټرسایکل

motocikl

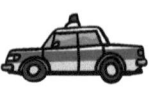

د پولیسو موټر

policijski auto

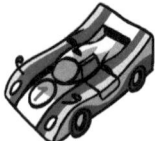

د ریس موټر

trkaći auto

کرایي موټر

iznajmljeno auto

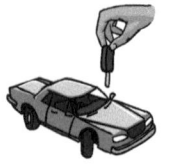

د کرايه موټري

dijeljenje automobila

جرثقيل لرونکی ټرک

vučno vozilo

ريفيوز ټرک

vozilo za odvoz smeća

موټر

motor

سونګ توکي

benzin

پټرول سټيشن

benzinska postaja

ترافيکي نښه

prometni znak

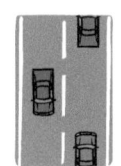

ترافيک

promet

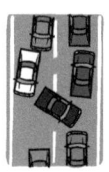

جام ترافيک

zastoj

د موټرو تمځای

parkiralište

د ريل سټيشن

kolodvor

پاټکي

šine

ريل

vlak

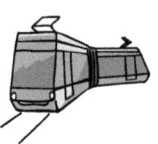

ټرام

tramvaj

واګون

vagon

چورلکه

helikopter

هوايي ډگر

zrakoplovna luka

برج

toranj

مسافر

putnik

کانتينزر

kontejner

کارتون

karton

کارت

kolica

ټوکری

košara

الوتنه کول/کښېناستل

uzletjeti / sletjeti

بنښار

grad

کلی

selo

د بنښار مرکز

centar grada

کور

kuća

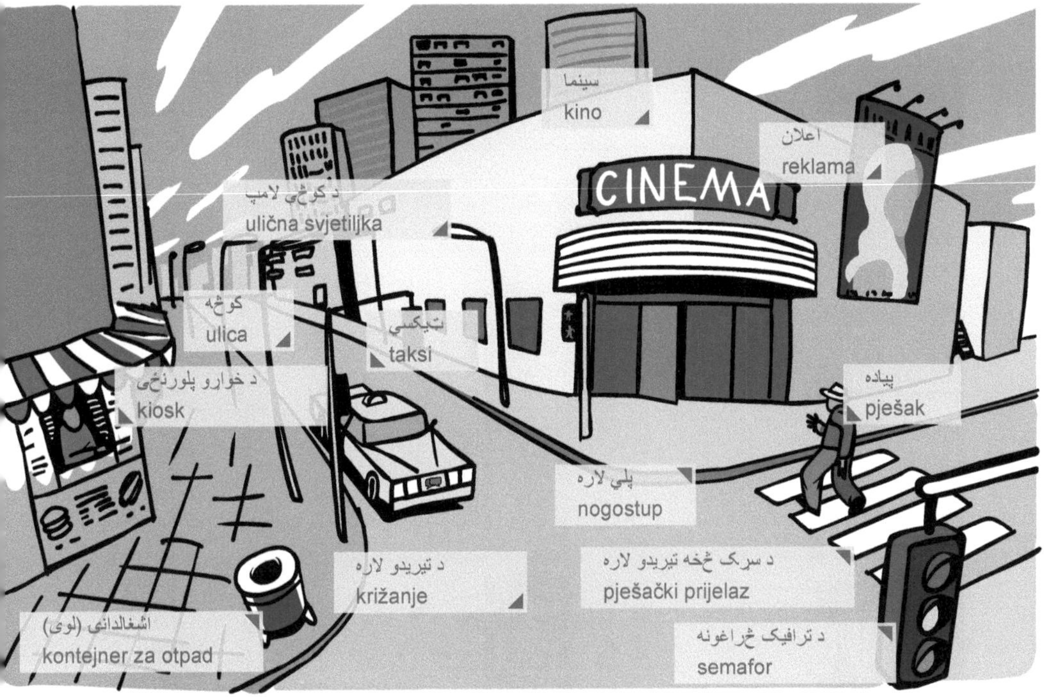

سینما — kino

اعلان — reklama

د کوڅې لامپ — ulična svjetiljka

کوڅه — ulica

ټیکسي — taksi

د خوارو پلورنځی — kiosk

پیاده — pješak

پلي لاره — nogostup

د تیریدو لاره — križanje

د سړک څخه تیریدو لاره — pješački prijelaz

اشغالداني (لوی) — kontejner za otpad

د ترافیک څراغونه — semafor

کوډله
koliba

اپارتمان
stan

د ریل ستیشن
kolodvor

ټاون هال
vijećnica

میوزیم
muzej

ښرووندخی
škola

پوهنتون

sveučilište

بانک

banka

روغتون

bolnica

هوټل

hotel

درملتون

ljekarna

دفتر

ured

کتاب پلورنځی

knjižara

پلورنځی

prodavaonica

د ګلانو پلورنځی

cvjećara

لوی پلورنځی

supermarket

مارکیټ

trg

د دیپارتمنت ستور

robna kuća

کب پلورنځی

ribarnica

د پلور مرکز

trgovački centar

لنګرتون

luka

پارک

park

بینچ

klupa

پل

most

زینه

stepenice

د ځمکي لاندي

podzemna željeznica

تونل

tunel

بس تمځای

autobusna stanica

بار

bar

ریستورانت

restoran

پوست بکس

poštansko sanduče

د کوڅي نښه

ulični znak

د پارک کولو میتر

parkirni sat

ژوبڼ

zoološki vrt

د لامبو حوض

bazen

مسجد

džamija

کرونده

seosko gazdinstvo

ناپاکي

zagađenje okoliša

هدیره

groblje

چرچ

crkva

د لوبو ډګر

igralište

معبد/کلیسا

hram

منظره

krajolik

پاڼه
list

د لارښوونې نښه
putokaz

لاره
put

چمن
livada

کانی
kamen

هیکر
šetač

ونه
drvo

سیند
rijeka

واښه
trava

ګل
cvijet

دره
....
dolina

غوندی
....
planina

ناور
....
jezero

ځنګل
....
šuma

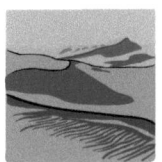

دښته
....
pustinja

اورشیندی
....
vulkan

کلا
....
dvorac

رنگین کمان
....
duga

مرخیړي
....
gljiva

پلم ونه
....
palma

ماشي
....
moskito

الوتل
....
muha

میږی
....
mrav

مچۍ
....
pčela

غوندله/جولا
....
pauk

کونگت

buba

چونگبڕە

žaba

نولی

vjeverica

زیرکی

jež

سوی

zec

کونگ

sova

مرغی

ptica

قازە

labud

نرخوک

divlja svinja

هوسی

jelen

گاوزە

los

بند

nasip

بادي توربین

vjetrenjača

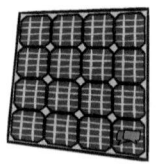

سولر تختی

solarna ploča

اقلیم

klima

ریسټورانټ

restoran

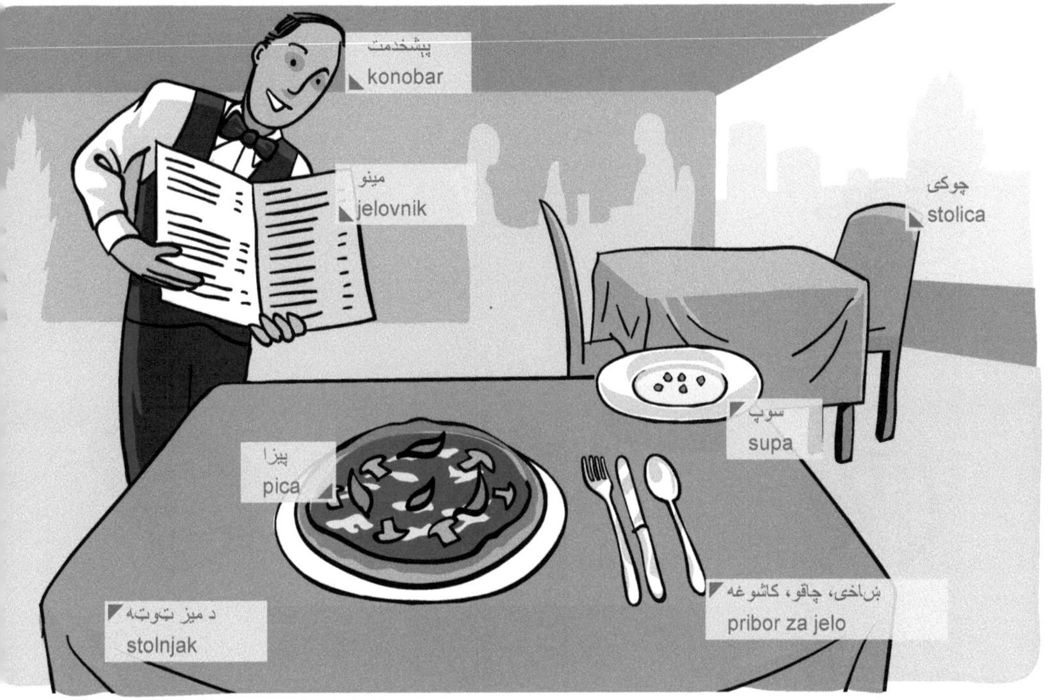
پیشخدمت
konobar
مینو
jelovnik
چوکۍ
stolica
سوپ
supa
پیزا
pica
د میز ټوټه
stolnjak
بڼاخۍ، چاقو، کاشوغه
pribor za jelo

سټارټر
....
predjelo

اصلي خواړه
....
glavno jelo

شیریني
....
desert

څښاک
....
napitci

خواړه
....
jelo

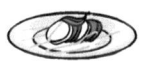

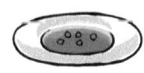

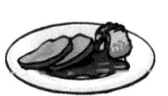

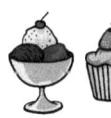

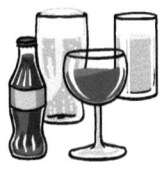

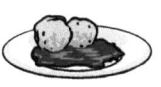

بوتل
....
boca

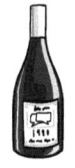

فاست فود

fastfood

د کوټي خواره

imbis hrana

چای جوش

čajnik

قندانی

doza za šećer

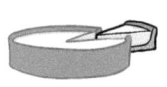

برخه

porcija

اسپرسو مشین

aparat za espresso

لوړه چوکی

visoka stolica

رسید

račun

مجمه

pladanj

چاکو

nož

پنجه

vilica

قاشق

žlica

چای قاشق

čajna žlica

سورویت

ubrus

گلاس

čaša

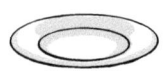

پلیټ
....
tanjur

د سوپ پلیټ
....
tanjur za supu

نالبیکی
....
tanjurić

ساس
....
sos

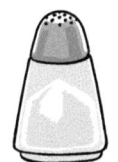

مالګه شیندونکی
....
soljenka

د مرچ ټکولو لوخی
....
mlin za biber

سرکه
....
ocat

غوړي
....
ulje

مساله
....
začini

کچ اپ
....
kečap

شرشم
....
senf

چکه
....
majoneza

لوی پلورنځی

supermarket

ځانګړی وړاندیز
ponuda
FOR
پیرودونکی
kupac
لبنیات
mliječni proizvodi
میوه
voće
لاسي ځرخ
kolica za kupnju

BUTCHERS

قصابي

....

mesnica

BAKERY

نانوایی

....

pekarnica

وزن کول

....

vagati

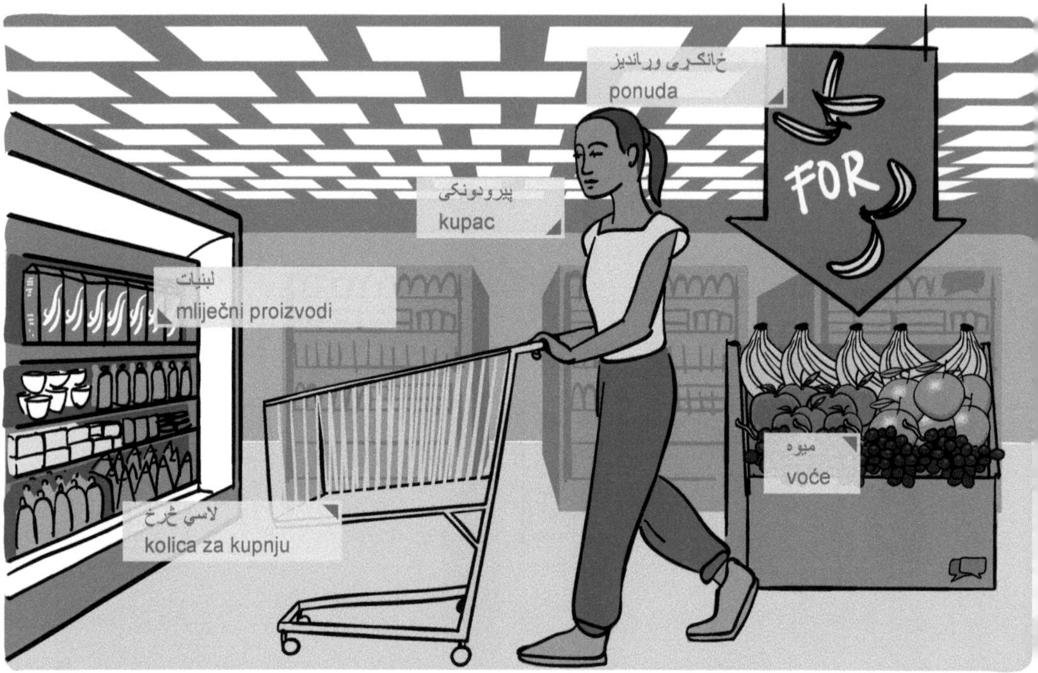

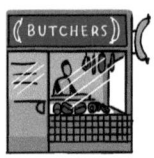

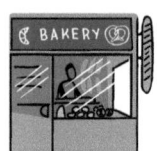

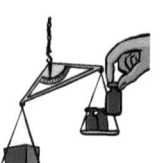

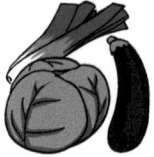

سبزیجات

....

povrće

غوښه

....

meso

کنګل خواړه

....

duboko smrznuta hrana

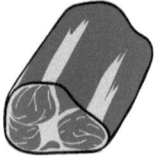

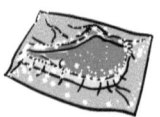

يخه غوښه

narezak

كنسروا خواره

konzerve

د مينځلو پودر

sredstvo za pranje

شيريني

slatkiši

كورني توليدات

artikli za domaćinstvo

د پاكولو محصولات

sredstva za čišćenje

د پلور فرد

prodavačica

د نغدي راجستر

blagajna

صراف

blagajnik

د پيرود ليست

lista za kupnju

كاري ساعتونه

vrijeme rada

بټوه

novčanik

كريډيټ كارت

kreditna kartica

كڅوړه

torba

پلاستيک كڅوړه

plastična vrećica

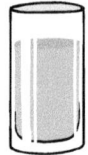

اوبه
voda

جوس
sok

ﺷﯾده
mlijeko

کوک
cola

واین
vino

بیر
pivo

الکول
alkohol

ككاو
kakao

چای
čaj

کافی
kava

اسپرسو
espresso

کپچینو
cappuccino

كيله

banana

مڼه

jabuka

نارنج

naranča

هندوانه

lubenica

ليمو

limun

گازره

mrkva

هوږه

češnjak

بانکس

bambus

پياز

luk

مرخيړي

gljiva

چغزى

orašasti plodovi

آش

rezanci

سپيگتي

špagete

وريجي

riža

سلاد

salata

چپس

pomfrit

سره کري کچالو

pečeni krumpir

پيزا

pica

همبرګر

hamburger

ساندويچ

sendvič

کتره

šnicla

د پټون غوښه

pršut

سلمي

salama

ساسچ

kobasica

چرګ

kokoš

روسټ

pečenje

کب

riba

د وربشی شیرني

zobene pahuljice

موسلي

musli

د جوار پلی

kukuruzne pahuljice

اوړه

brašno

کروسانت

roščić

د ډوډی رول

pecivo

ډوډی

kruh

ټوست

toast

بسکیټ

keksi

کوچ

maslac

چکه

svježi sir

کیک

kolač

هګی

jaje

پنسي هګی

jaje na oko

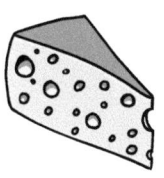

پنیر

sir

آیس کریم

sladoled

بوره

šećer

شهد

med

مربا

marmelada

نوگات کریم

nugat krema

کورکمان

curry

کرونده

seosko gazdinstvo

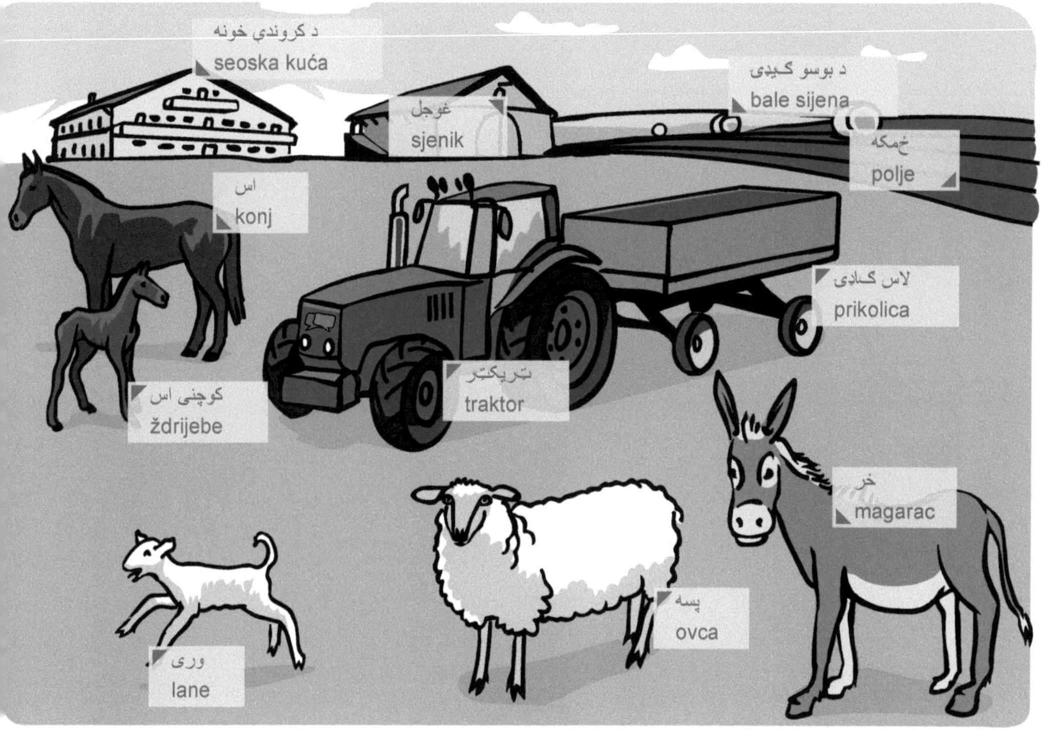

د کروندي خونه
seoska kuća
د بوسو ګیډی
bale sijena
غوجل
sjenik
ځمکه
polje
اس
konj
لاس ګاډی
prikolica
کوچنی اس
ždrijebe
تریکتر
traktor
خر
magarac
پسه
ovca
وری
lane

وزه
....
koza

غوا
....
krava

خوسکی
....
tele

خوګ
....
svinja

د خوګ بچی
....
prase

غویی
....
bik

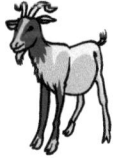

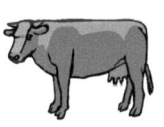

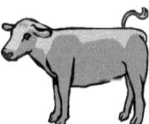

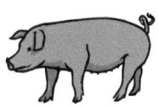

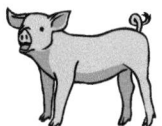

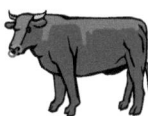

بتھ

guska

هیلۍ

patka

چرګوړی

pilići

چرګه

kokoš

بانګی

pijetao

سارای موږک

pacov

پیشک

mačka

موږک

miš

غویی

vol

سپی

pas

د سپي خونه

kućica za psa

د باغ هوز

vrtno crijevo

د اوبو لوخی

kanta za polijevanje

لور (داس)

kosa

یوی

plug

لور

srp

رمبی

motika

بړاخی

vilica za gnojivo

تبر

sjekira

کراچی

tačke

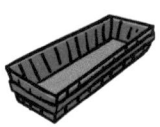

ناوه

korito

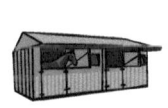

د شیدو لوخی

posuda za mlijeko

جوال

vreća

کټاره

ograda

مضبوط

štala

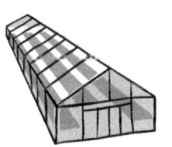

ښنه خونه

staklenik

خاوره

zemlja

تخم

sjeme

سره/کود

gnojivo

گډ ریبونکی ماشین

kombajn

زيرمه كول
....
žanjati

درمند
....
žetva

خواړه كچالو
....
yams začin

غنم
....
pšenica

سويا
....
soja

كچالو
....
krumpir

جوار
....
kukuruz

نباتي تخم
....
uljana repica

د ميوي ونه
....
voćka

مانيوک
....
gomolj manioke

غله
....
žitarice

کور

kuća

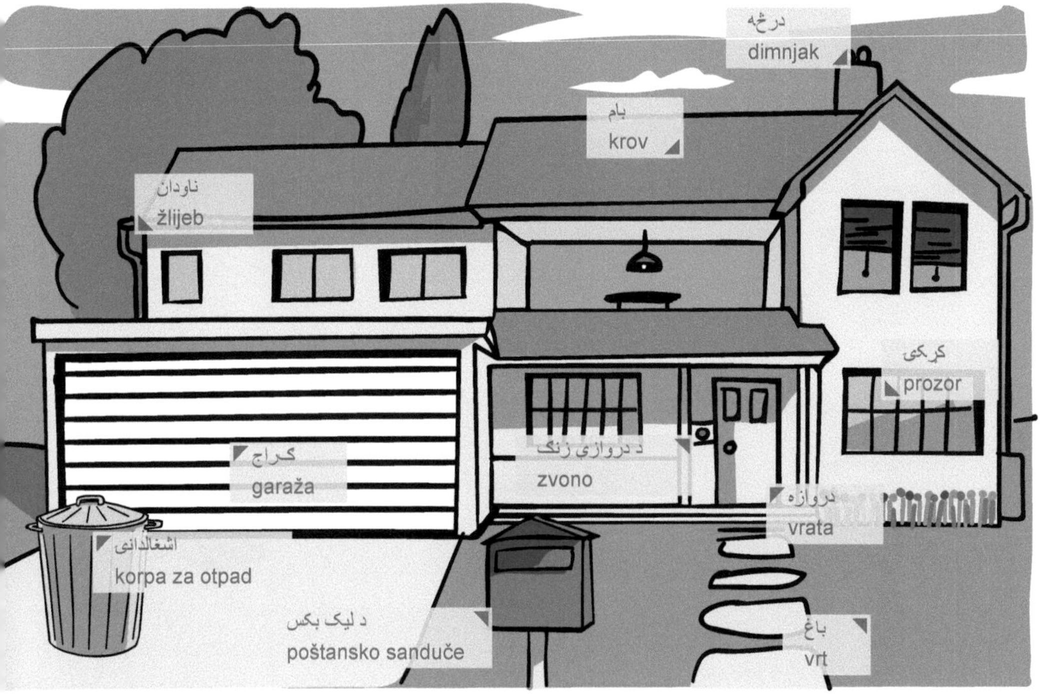

درڅه
dimnjak
بام
krov
ناودان
žlijeb
کړکۍ
prozor
ګراج
garaža
د دروازې زنګ
zvono
دروازه
vrata
اشغالدانۍ
korpa za otpad
د لیک بکس
poštansko sanduče
باغ
vrt

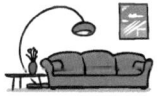

د اوسیدو خونه

dnevna soba

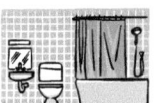

حمام

kupaonica

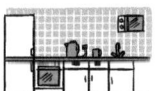

پخلنځی

kuhinja

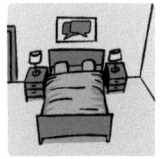

د ویده کیدو خونه

spavaća soba

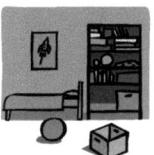

د ماشوم خونه

dječija soba

د خوړو خونه

trpezarija

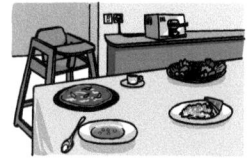

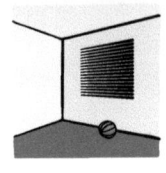

فرش

pod

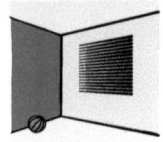

دیوال

zid

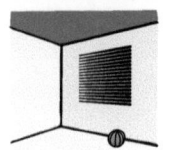

چت

strop

زیرخانه

podrum

سونا

sauna

بالکوني

balkon

ترساس

terasa

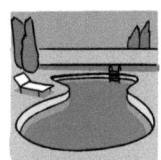

حوض

bazen

د چمن وهلو ماشين

kosilica za travu

شیت

posteljina za krevet

روجایی

deka za krevet

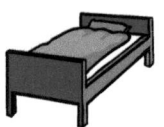

تخت

krevet

جارو

metla

بوکه

kanta

سویچ

sklopka

د اوسیدو خونه

dnevna soba

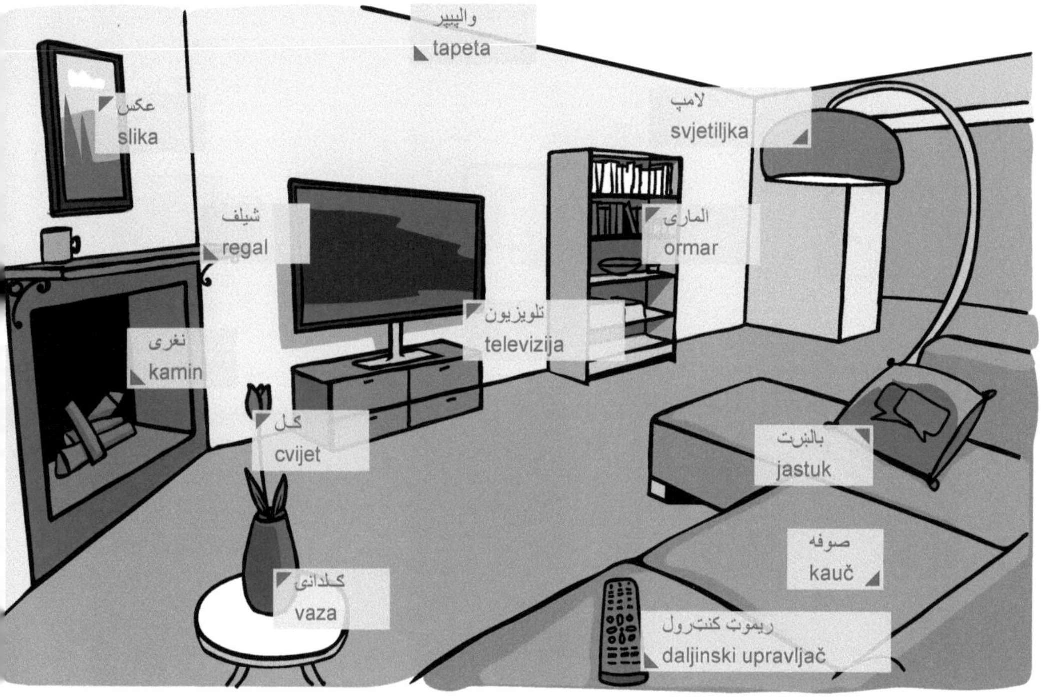

والپیپر
tapeta
عکس
slika
لامپ
svjetiljka
شیلف
regal
الماری
ormar
تلویزیون
televizija
نغری
kamin
ګل
cvijet
بالښت
jastuk
صوفه
kauč
ګلدانی
vaza
ریموټ کنټرول
daljinski upravljač

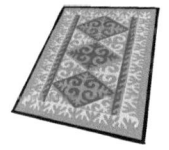

غالی

tepih

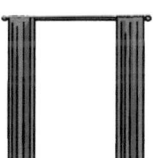

پرده

zavjesa

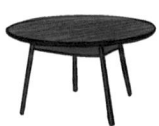

میز

stol

چوکی

stolica

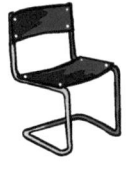

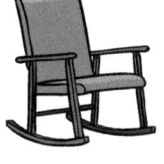

تاویدونکي چوکی

stolica za njihanje

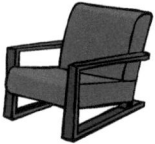

بازو لرونکی چوکی

fotelja

كتاب

knjiga

كمپل

deka

ديكوريشن

dekoracija

د اور لرګي

drvo za ogrjev

فلم

film

هايفای

stereo uređaj

كلي

ključ

ورځپاڼه

novine

نقاشي

slika na platnu

پوسټر

poster

راډيو

radio

كتابچه

blok za pisanje

واكيوم جارو

usisavač

كاكټوس

kaktus

شمع

svijeća

پخلنځی
kuhinja

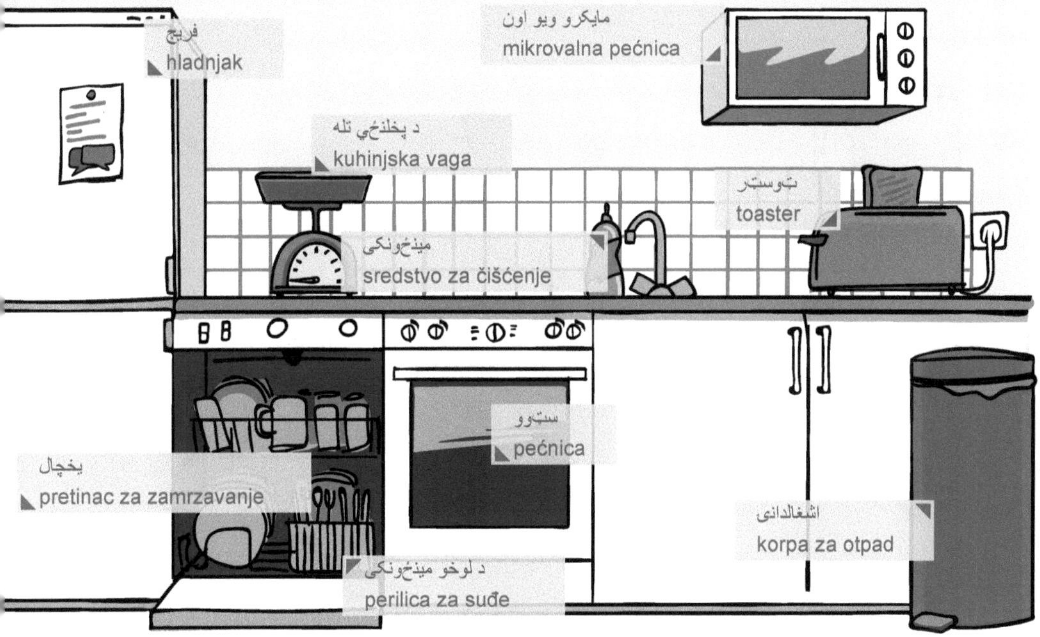

فریج
hladnjak
مایکرو ویو اون
mikrovalna pećnica
د پخلنځي تله
kuhinjska vaga
ټوسټر
toaster
مینځونکی
sredstvo za čišćenje
سټوو
pećnica
یخچال
pretinac za zamrzavanje
اشغالدانی
korpa za otpad
د لوخو مینځونکی
perilica za suđe

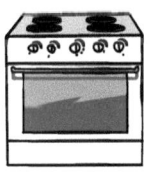

دیگ بخار

štednjak

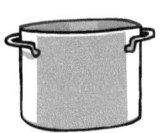

لوخی

lonac

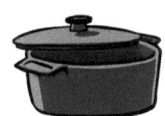

چدني لوخی

željezni lonac

ووک

wok / kadai

د تلي په

tava

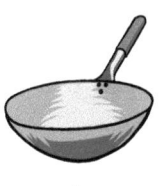

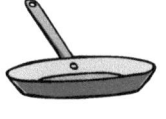

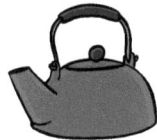

چای جوش

kuhalo za vodu

د بخار ديگ

kuhalo na paru

پتنوس

lim za pečenje

لوخي

posuđe

مگ

čaša

کاسه

zdjela

د رانيولو اوزار

štapići za jelo

څمڅى

kutljača

کفګير

lopatica

پاکونکى

pjenjača

صافي

sito za kuhanje

غلبيل

sito

کريټر

ribež

اونگ

mužar

بار بي کيو

roštilj

خلاص اور

ognjište

تخته

daska

هوارونکی

oklagija

کارک سکریو

vadičep

تیم

konzerva

د تیم خلاصونکی

otvarač konzervi

د لوخي ټوټه

krpa za lonac

ظرف شوی

sudoper

برس

četka

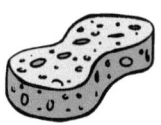

سپنج

spužva

بلیندر

mikser

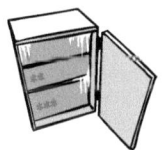

ژور یخچال

zamrzivač

د ماشوم بوتل

bočica za bebe

نل

slavina za vodu

شاور
tuš

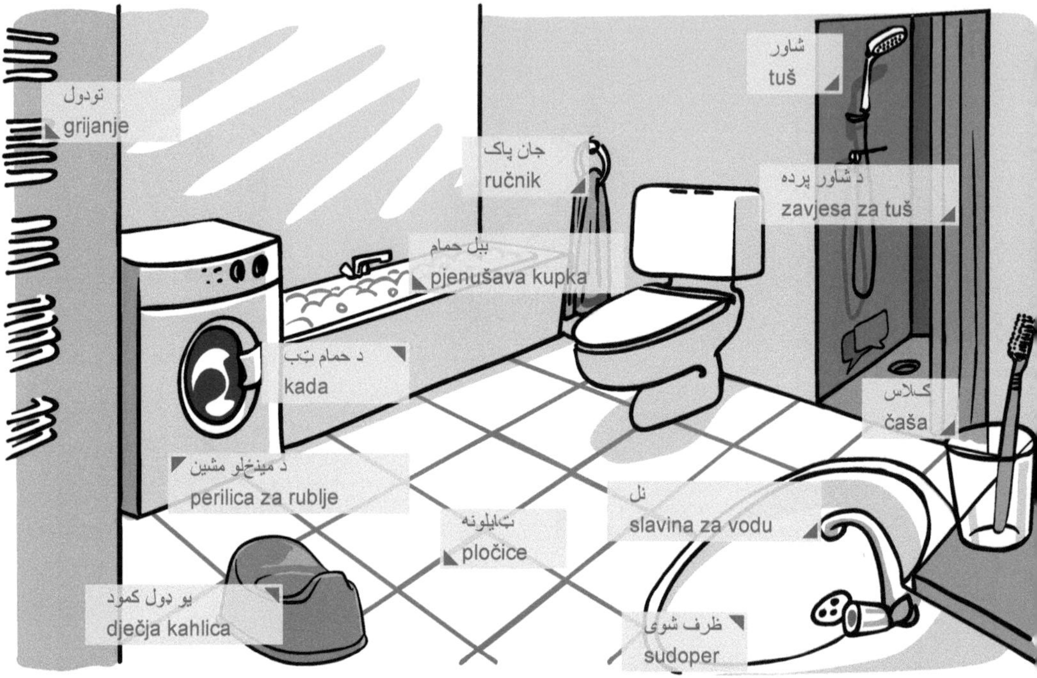

تودول
grijanje

جان پاک
ručnik

د شاور پرده
zavjesa za tuš

بیل حمام
pjenušava kupka

د حمام تب
kada

کلاس
čaša

د مینځلو مشین
perilica za rublje

ټایلونه
pločice

نل
slavina za vodu

يو دول کمود
dječja kahlica

ظرف شوی
sudoper

تشناب	فرشي کمود	کمود
toalet	čučavac	bidet

د متيازو خای	تشناب کاغذ	د تشناب برس
pisoar	papir za toalet	četka za toalet

د غاښونو برس

četkica za zube

د غاښونو کریم

pasta za zube

د غاښونو نخ

konac za zube

مینځل

prati

لاسي شاور

tuš ručica

دوش

tuš za pranje intimnih dijelova

خانک

lavor

د شا برس

četka za pranje leđa

صابون

sapun

د شاور ژل

gel za tuširanje

شامپو

šampon

فلانل جامه

krpa za pranje

وچول

odvod

کریم

krema

سپری

dezodorans

آینه

ogledalo

لاسي آینه

kozmetičko ogledalo

ریزر

brijač

د خریلو فوم

pjena za brijanje

د خریلو وروسته

losion za poslije brijanja

کمنڅ

češalj

برس

četka

د ویښتانو وچونکی

sušilo za kosu

د ویښتانو سپری

sprej za kosu

میک اپ

makeup

لیپ ستیک

ruž za usne

د نوکانو پالش

lak za nokte

کاتن وری

vata

ناخن گیر

škare za nokte

عطر

parfem

د میذخلو کڅوره

neseser

سټول

stolica

د وزن کولو تله

vaga

د حمام پوښاک

ogrtač

د ربر دستکش

rukavice za čišćenje

ټامپون

tampon

صحیی جان پاک

uložak

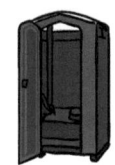

کیمیکل ټشناب

kemijski toalet

د الارم ساعت
budilnik

د لوبو وسایل
plišana igračka

د نانځکي موټر
auto igračka

د نانځکو خونه
kućica za lutke

بالی
poklon

ریتل
zvečka

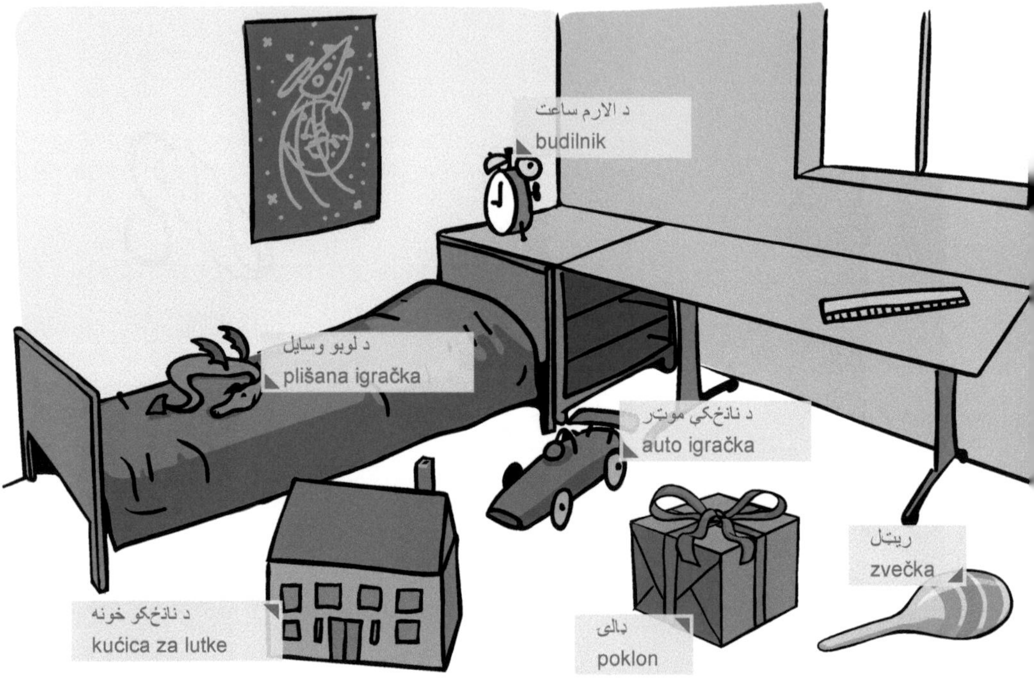

بالون
balon

تخت
krevet

کالسکه
dječija kolica

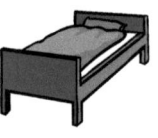

د لوبو ورقي
igra s kartama

جیګسا
slagalica

مسخره
strip

لیگو بریک

lego kockice

د نانځکو بلاک

kockice za slaganje

د اکشن فیگور

akcioni junak

د ماشوم پوښاک

kombinezon za bebe

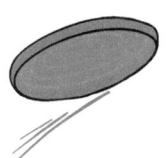

فریزبي

frizbi

موبایل

viseće igračke

بورډ لوبه

društvene igre

تاس

kocka

ماډل ریل سیت

minijaturna željeznica

ګونګشی

duda

پارتي

tulum

د عکسونو البوم

slikovnica

بال

lopta

نانځکه

lutka

لوبیدل

igrati

د شگو کنده

pješčanik

سوينگ

ljuljačka

نازخكي

igračka

د ويديو لوبو کنسول

konzola za igre

ترای سایکل

tricikl

كوډكه

plišani medo

د کالو الماری

ormar

odjeća

جرابي

kratke čarape

لوري جرابي

čarape

تایتس

hulahopke

زروکی
šal

کمربند
kaiš

چتری
kišobran

نتي شرت
t-shirt

سنیکر
patike

بوتان
čizme

سلیپر
papuče

سیندل
sandale

بوتان
cipele

د ربر بوتان
gumene čizme

زیرنیکري
gaćice

سینه بند
grudnjak

واسکټ
potkošulja

بادی

bodi

پتلون

hlače

جینز

džins

لمن

haljina

بلاوز

bluza

شرت

košulja

بنیان

džemper

سویتّر

pulover s kapuljačom

بلیزر

blejzer

جاکټ

jakna

کوټ

kaput

د باران کوټ

kabanica

پوښاک

kostim

کالي

haljina

د واده پوښاک

vjenčanica

دريشي

odijelo

د شپې پوښاک

spavaćica

پاجامه

pidžama

ساري

sari

لوپټه

rubac

پټکی

turban

برقه

burka

کفتن

kaftan

عبا

abaja

د لامبو پوښاک

kupaći kostim

نیکر

kupaće gaćice

شارټ

kratke hlače

د خُغاستي پوښاک

odjeća za trening

پیش بند

pregača

دستکش

rukavice

بتّن

gumb

عینک

naočale

لاس بند

narukvica

غاړه کی

ogrlica

ګوتمه

prsten

غوږوالی

naušnica

خولۍ

kapa

کوټ بند

vješalica

خولۍ

šešir

نټايي

kravata

ځنځیر

patent zatvarač

هیلمیټ

kaciga

تړونکی

naramenice

د ښوونځي یونیفارم

školska uniforma

یونیفارم

uniforma

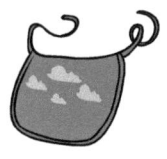

بيب

podbradak

ګونګشی

duda

نيپي

pelena

دفتر

ured

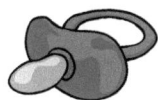

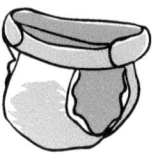

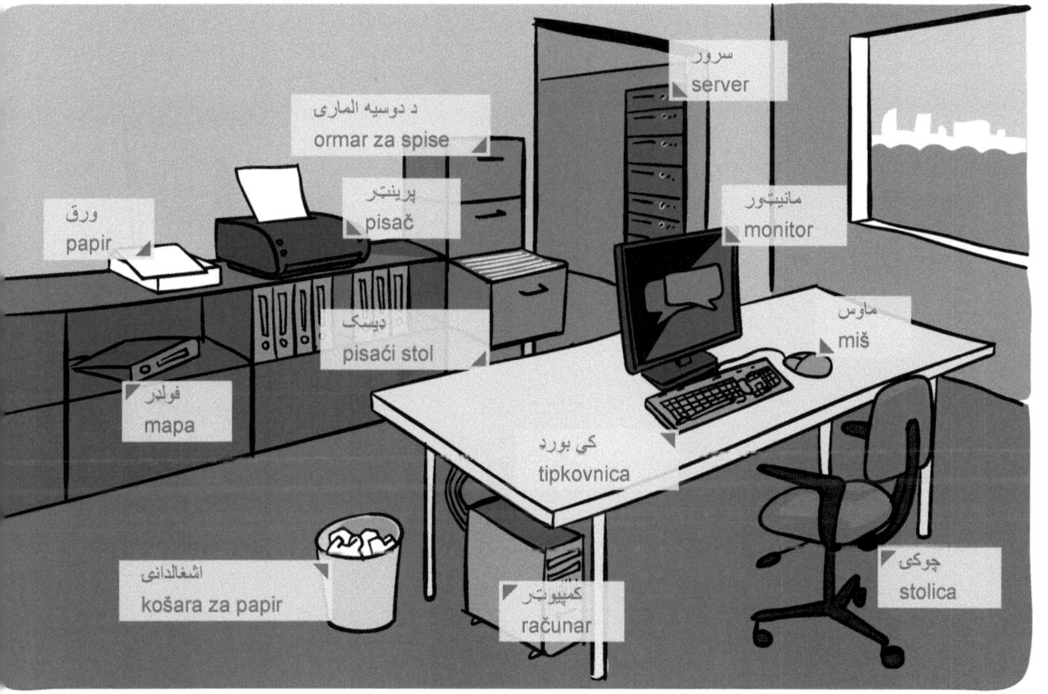

سرور
server
د دوسیه الماری
ormar za spise
پرینټر
pisač
ورق
papir
مانیټور
monitor
ماوس
miš
ډیسک
pisaći stol
فولډر
mapa
کي بورډ
tipkovnica
اشغالدانی
košara za papir
کمپیوټر
računar
چوکۍ
stolica

د کافي پياله

šalica za kavu

کالکولیټر

kalkulator

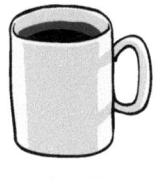

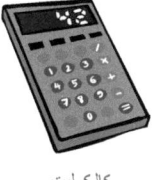

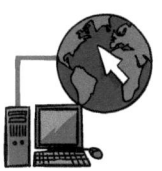

انټرنیټ

internet

لپ تاپ

laptop

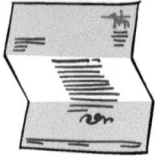

لیک

pismo

پیغام

poruka

موبایل

mobilni telefon

نیتورک

mreža

فوتوکاپیر

uređaj za kopiranje

سافتویر

softver

تلیفون

telefon

پلک ساکت

utičnica

فکس مشین

faks

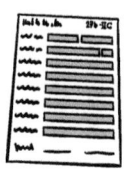

فارم

obrazac

سند

dokument

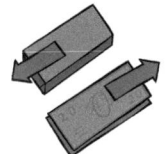

پیرل

kupovati

تادیه کول

platiti

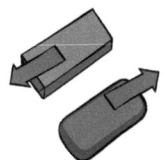

سوداگري کول

trgovati

پیسی

novac

ډالر

dolar

یورو

euro

ین

jen

رو بل

rubalj

سویسي فرانک

švicarski franak

رینمینبي یوان

renmindbi yuan

روپۍ

rupija

د نغدي پیسو خای

automat za novac

د اسعارو د تبادلي دفتر

mjenjačnica

سره زر

zlato

سپين زر

srebro

تيل

nafta

انرژي

energija

نرخ

cijena

قرارداد

ugovor

ماليه

porez

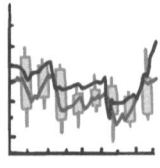

اسهام

dionica

کار کول

raditi

کارمند

službenik

کار ګومارونکی

poslodavac

فابریکه

tvornica

پلورنځی

prodavaonica

مسلکونه

zanimanja

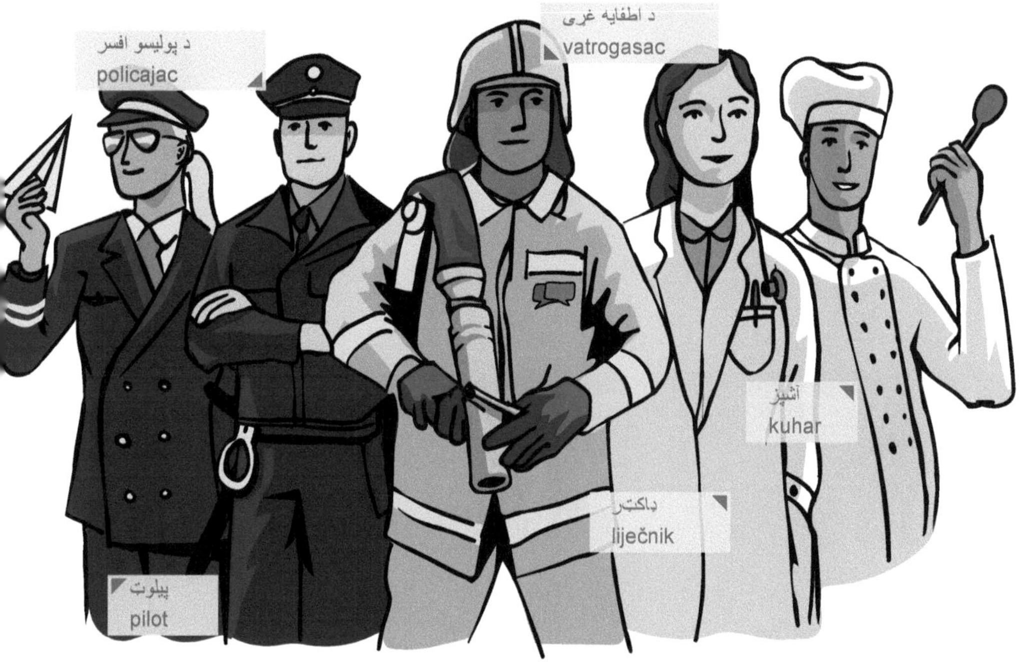

د پولیسو افسر
policajac
د اطفایه غری
vatrogasac
آشپز
kuhar
ډاکټر
liječnik
پیلوټ
pilot

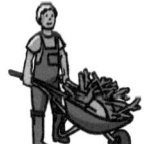

باغوان

vrtlar

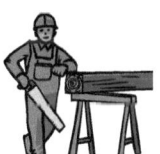

نجار

stolar

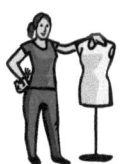

خیاط

krojačica

قاضي

sudija

کیمیا پوه

kemičar

د فلم لوبغاړی

glumac

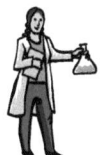

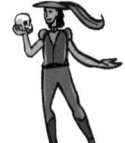

د بس ډرایور

vozač autobusa

د ټيکسي ډرایور

vozač taksija

کب نيونکى

ribar

خدمه

čistačica

بام جوړونکى

krovopokrivač

پيشخدمت

konobar

ښکاري

lovac

نقاش

slikar

نانوا

pekar

د برښنا کارکونکى

električar

تعمير جوړونکى

građevinski radnik

انجنير

inženjer

قصاب

mesar

نلدوان

limar

پوست رسونکى

poštar

سرتیری

vojnik

مهندس

arhitekta

صراف

blagajnik

مالیار

cvjećar

نایی

frizer

کلیندر

kondukter

میکانیک

mehaničar

کپتان

kapetan

د غابئرونو داکتر

zubar

ساینس پوه

znanstvenik

شاغلی

rabi

امام

imam

مذهبي نفر

monah

پادري

svećenik

لوازم
alati

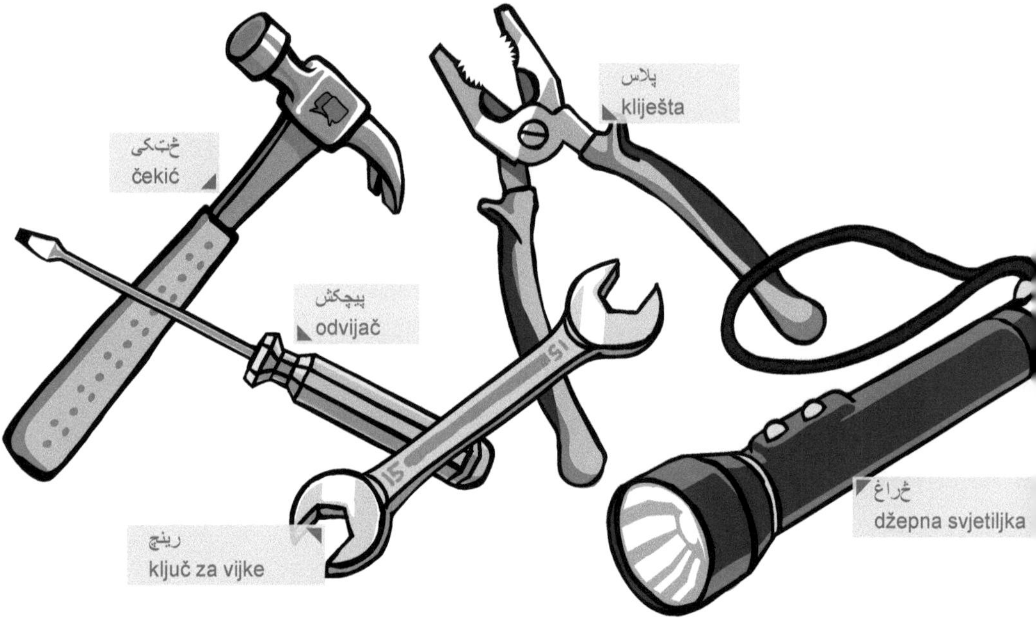

څټکی
čekić
پلاس
kliješta
پیچکش
odvijač
رینچ
ključ za vijke
څراغ
džepna svjetiljka

کنستونکی

rovokopač

د لوازمو بکس

kutija za alat

زینه

ljestve

اره

pila

میخونه

ekser

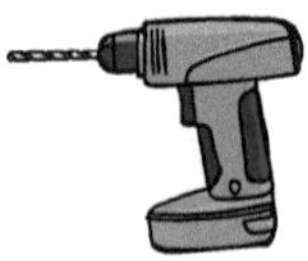

برمه

bušilica

ترمیم کول

popraviti

بیل

lopata

لعنت!

Sranje!

خاک انداز

lopatica

مشوانۍ

lonac za boju

پیچونه

vijci

د میوزیک آلات

glazbeni instrument

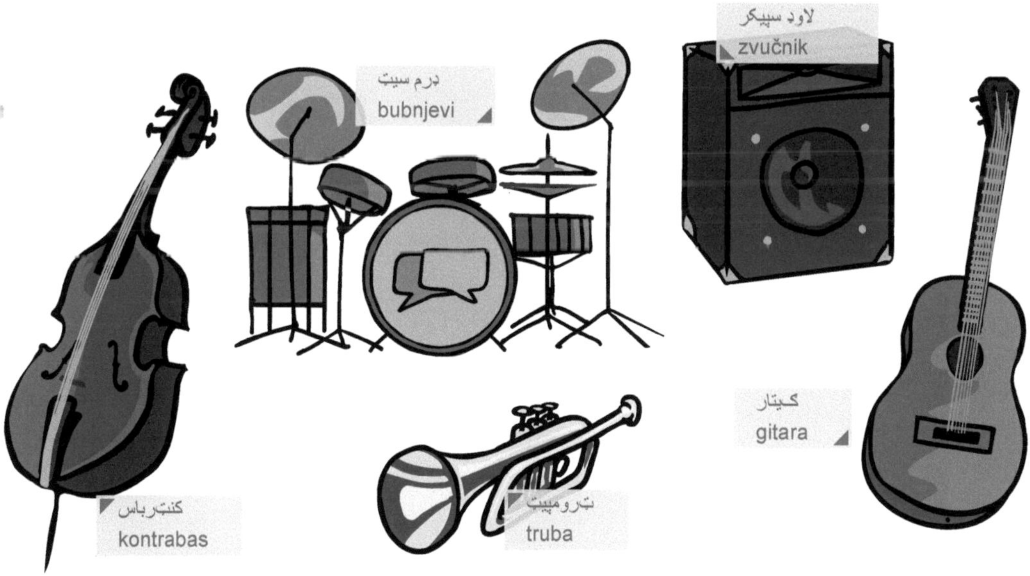

لاود سپیکر
zvučnik

درم سیټ
bubnjevi

کنټرباس
kontrabas

ترومپیت
truba

کیتار
gitara

پيانو

klavir

وايلن

violina

باس

bas

نغاره

timpani

درمونه

udaraljke za bubnjeve

کي بورد

keyboard

سيکسافون

saksofon

شپيلی

flauta

مايکروفون

mikrofon

ژوبڼ
zoološki vrt

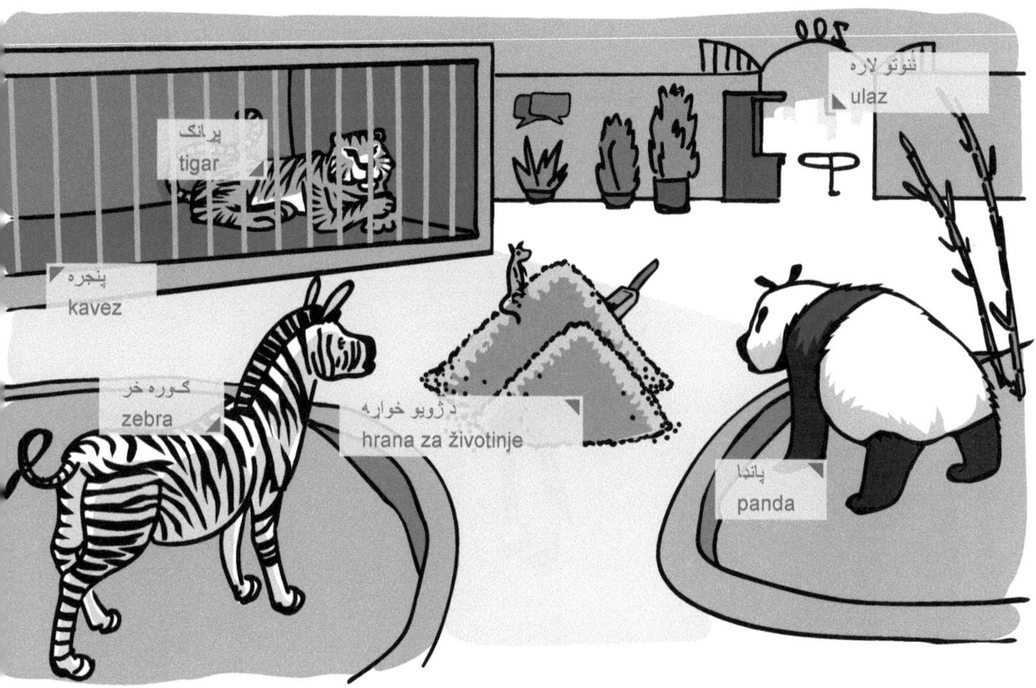
ننوتو لاره
ulaz
پړانګ
tigar
پنجره
kavez
ګوره خر
zebra
د ژويو خواړه
hrana za životinje
پانډا
panda

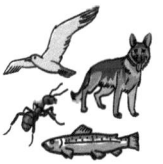

ژوی
životinje

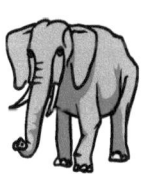

هاتي
slon

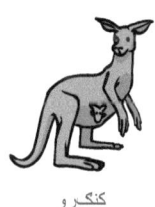

کنګرو
kengur

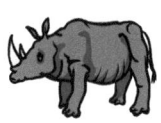

د اوبو اسپ
nosorog

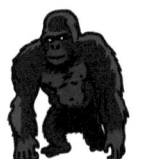

ګوريلا
gorila

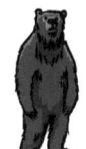

ايږه
medvjed

اوښ

....

kamila

ښترمرغ

....

noj

زمری

....

lav

بيزو

....

majmun

غزی

....

flamingo

طوطي

....

papagaj

قطبي ايږه

....

polarni medvjed

پينګوين

....

pingvin

شارک

....

ajkula

طاوس

....

paun

مار

....

zmija

تمساح

....

krokodil

ژوبڼ ساتونکی

....

čuvar u zoološkom vrtu

سيل

....

tuljan

جګوار

....

jaguar

يابو

poni

پرانگ

leopard

هيپو

nilski konj

زرافه

žirafa

باز

orao

نرخوک

divlja svinja

کب

riba

شمشتی

kornjača

سمندري نولی

morž

گيدره

lisica

هوسی

gazela

امریکایی فټبال
americki nogomet

سایکل چلول
biciklizam

تینیس
tenis

باسکیتبال
košarka

لامبو
plivanje

باکسینګ
boks

د کنګل هاکي
hockey na ledu

فټبال
....
nogomet

کسیزه
....
badminton

د خغاستي لوبي
....
atletika

د هندبال
....
rukomet

سکي
....
skijanje

پولو
....
polo

خندل
smijati se

تؤپ وهل
skočiti

غاړه ورکول
zagrliti

سندري ويل
pjevati

گرځيدل
ići

عبادت كول
moliti se

خوب ليدل
sanjati

مچو كول
poljubiti

ليكل
pisati

كښل
crtati

ښودل
pokazati

ټيله كول
gurati

وركول
dati

اخيستل
uzeti

درلودل

imati

کول

činiti

پاييدل

biti

ودريدل

stojati

مندي وهل

trčati

راكبنل

povlačiti

ګوزارل

baciti

لويدل

padati

څملاستل

ležati

انتظار کول

čekati

ورل

nositi

كښيناستل

sjediti

پوښاک اغوستل

oblačiti

ويده كيدل

spavati

پاڅيدل

probuditi se

کتل

gledati

ژړل

plakati

بريد کول

milovati

ګمنځ کول

češljati

خبري کول

govoriti

پوهيدل

razumjeti

غوښتل

pitati

اوريدل

slušati

څښل

piti

خورل

jesti

پاکول

pospremiti

مينه کول

voljeti

پخلی کول

kuhati

موټر چلول

voziti

الوتل

letjeti

بیری چلول

ploviti

حساب

računati

لوستل

čitati

زده کول

učiti

کار کول

raditi

واده کول

vjenčati se

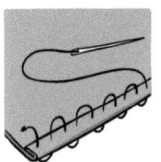

گنډل

šiti

د غاښونو برس کول

prati zube

وژل

ubiti

سگرټ څښل

pušiti

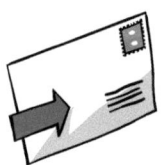

لیږرل

poslati

کورنۍ
obitelj

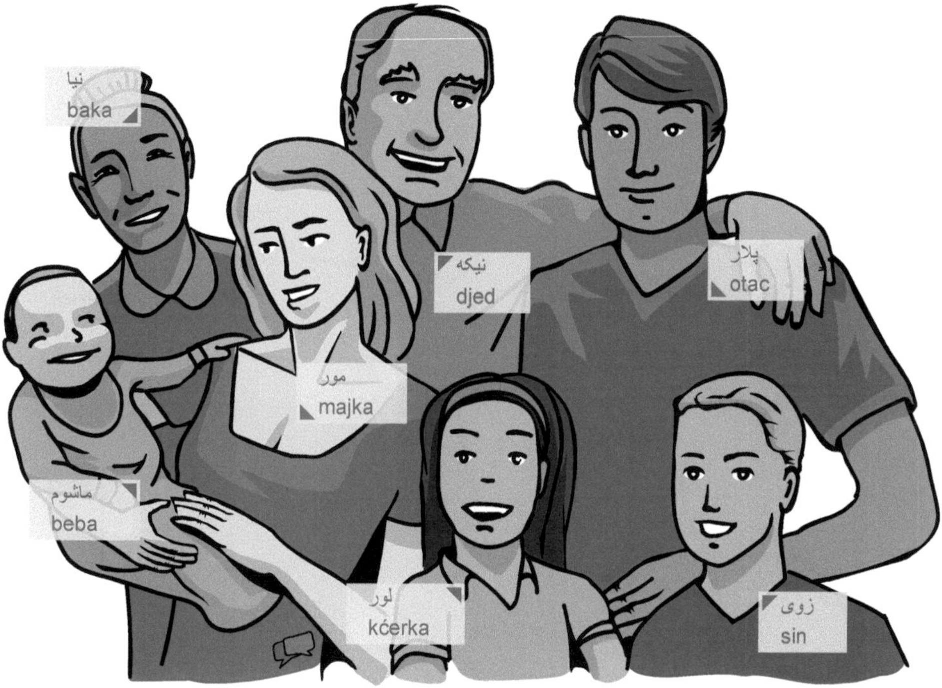

نیا
baka
نیکه
djed
پلار
otac
مور
majka
ماشوم
beba
لور
kćerka
زوی
sin

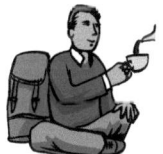

میلمه
....
gost

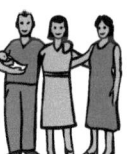

ترور
....
tetka

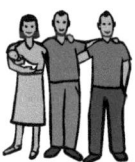

کاکا/ماما
....
ujak, stric

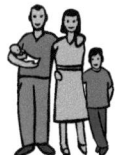

ورور
....
brat

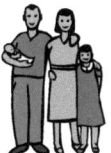

خور
....
sestra

بدن

tijelo

تندی
čelo
سترګي
oko
مخ
lice
زنه
brada
ګوته
prst
لاس
ruka
سینه
grudi
مټ
ruka
اوږه
rame
پښه
noga

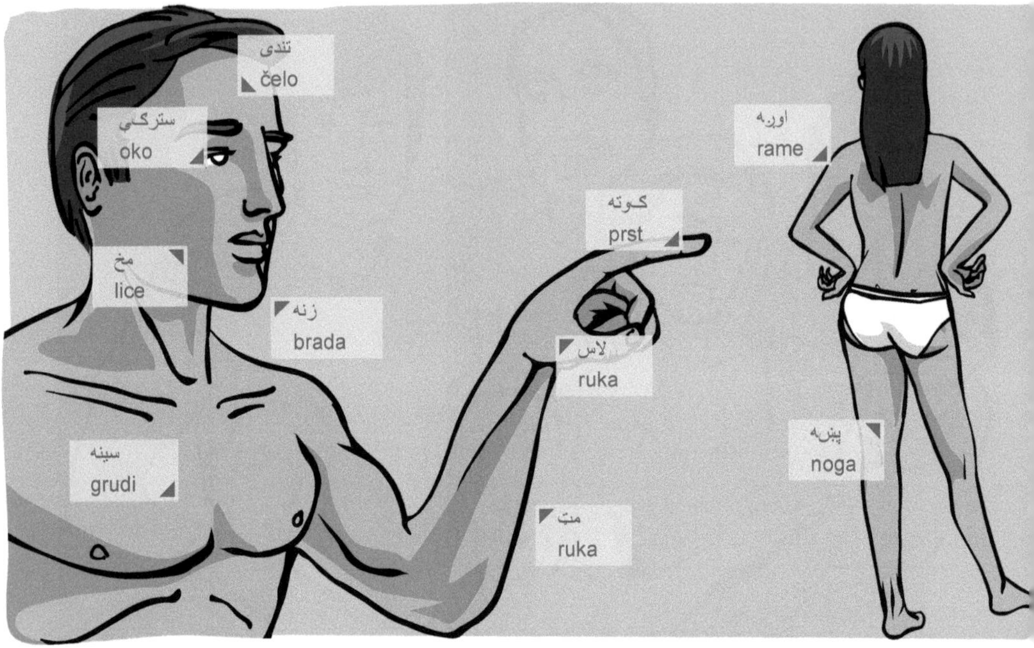

ماشوم

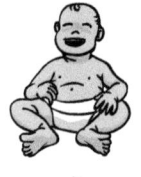

beba

سړی

muškarac

ښځه

žena

انجلۍ

djevojčica

هلک

dječak

سر

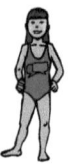

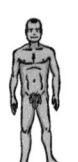

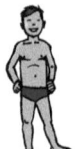

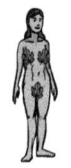

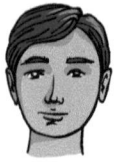

glava

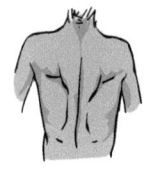

شا
....
leđa

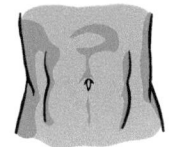

خیټه
....
trbuh

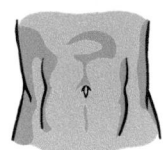

نوم
....
pupak

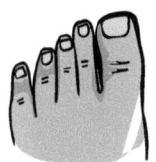

د پښې ګوته
....
nožni prst

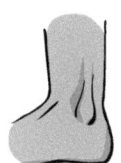

پونده
....
peta

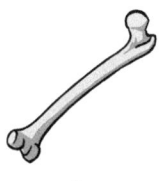

هډوکی
....
kost

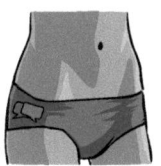

کوناټی
....
kuk

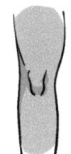

زنګون
....
koljeno

څنګل
....
lakat

پوزه
....
nos

لاندي برخه
....
stražnjica

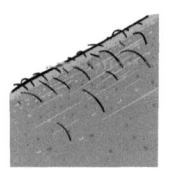

پوټکی
....
koža

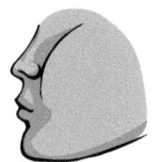

غومبوری
....
obraz

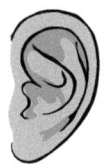

غوږ
....
uho

شونډه
....
usna

خوله

usta

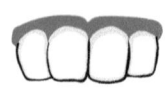

غاښ

zub

ژبه

jezik

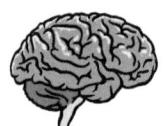

مغز

mozak

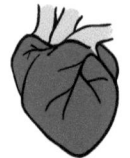

زړه

srce

عضله

mišić

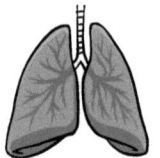

سږی

pluća

ځيګر

jetra

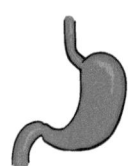

معده

želudac

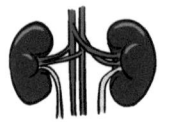

پښتورګي

bubrezi

جنسي نردي والی

snošaj

كاندوم

kondom

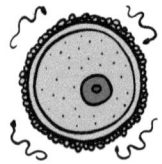

تخمه

jajna stanica

مني

sperma

حمل

trudnoća

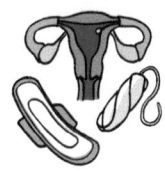

حيض

menstruacija

مهبل

vagina

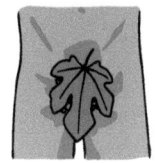

د نارينه تناسلي آله

penis

وروځی

obrva

ويښته

kosa

غاړه

vrat

bolnica

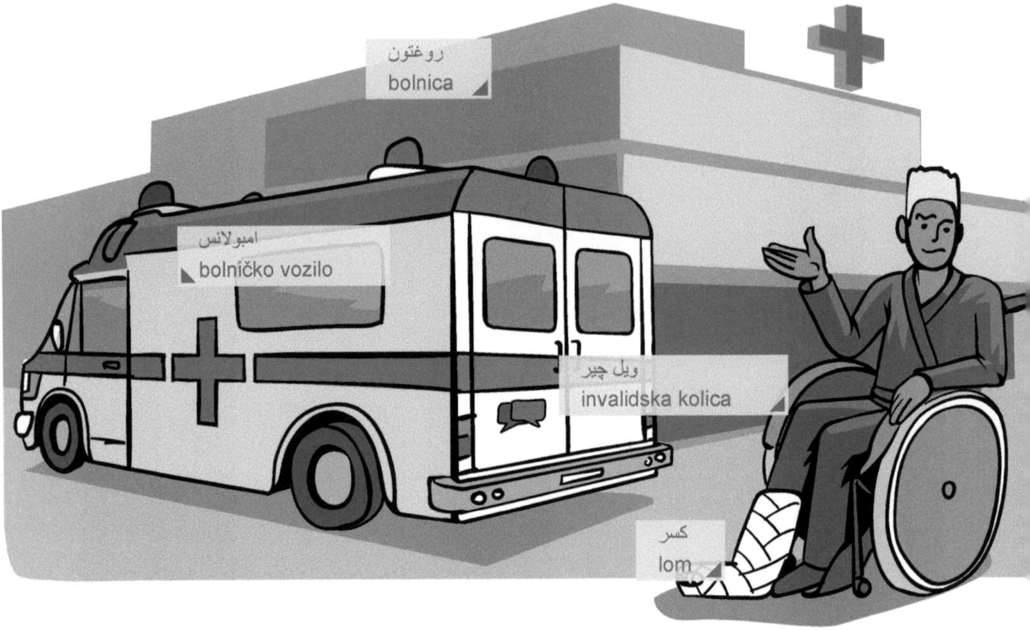

روغتون
bolnica

امبولانس
bolníčko vozilo

ویل چیر
invalidska kolica

کسر
lom

پاکتر
liječnik

عاجل خونه
hitna medicinska služba

رذخورپال
medicinska sestra

عاجل
hitni slučaj

بی هوش
nesvijest

درد
bol

پټ

ozljeda

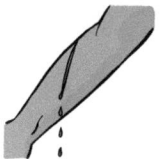

لدیوت ونیو

krvarenje

د زره حمله

srćani infarkt

ضرب

moždani udar

حساسیت

alergija

ټوخی

kašalj

تبه

groznica

انفلوینزا

gripa

نس ناستی

proljev

سر درد

glavobolja

سرطان

rak

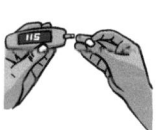

شکر

dijabetes

جراح

kirurg

سکالپل

skalpel

عملیات

operacija

سیرتي

ct

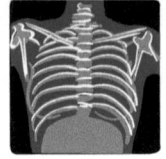

ایکس ری

rentgen

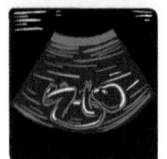

التراساوند

ultrazvuk

د مخ ماسک

maska

ناروغي

bolest

انتظار خونه

čekaonica

امسآ

štaka

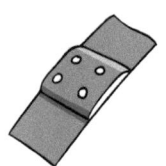

پلستر

flaster

بنداژ

zavoj

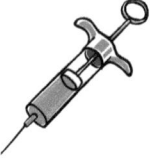

تزریق

injekcija

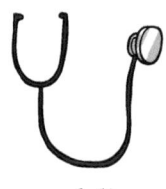

ستاتسکوپ

stetoskop

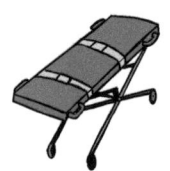

تسکیره

nosilo

کلینکي ترماميتر

termometar

زیږون

rođenje

زیات وزن

prekomjerna težina

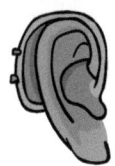

د اوریدو مرسته

slušni aparat

د عفونیت څخه پاکونکي مواد

sredstvo za dezinfekciju

عفونیت

infekcija

ویروس

virus

ایچ.آی.وی/ایدز

hiv / sida

درمل

medicina

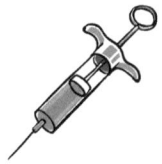

واکسین

vakcinacija

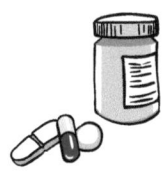

ټابلیټس

tablete

ګولی

pilula

عاجل تلیفون

poziv u pomoć

د وینی د فشار څارونکی

uređaj za mjerenje tlaka

ناروغ/روغ

bolesno / zdravo

مرسته!

pomoć!

الارم

alarm

يرغل

nasrtaj

بريد

napad

خطر

opasnost

عاجل لاره

izlaz za nuždu

اور!

požar!

د اور وژونكى

vatrogasni aparat

پيښ،ه

nezgoda

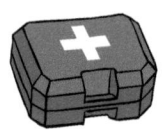

د لومړی مرستي لوازم

kofer prve pomoći

ايس.او.ايس

sos

پوليس

policija

اروپا

Europa

شمالي امريکا

sjeverna amerika

سهیلي امریکا

južna amerika

افريقا

Afrika

آسیا

Azija

آستريليا

Australija

اتلانتیک

Atlantik

پاسیفیک

Pacifik

د هند بحر

ocean

جنوبي منجمد بحر

antarktički ocean

د شمال قطب بحر

arktički ocean

شمالي قطب

sjeverni pol

سهيلي قطب

južni pol

انتـارکتـیکا

Antarktik

خُمکه

zemlja

خُمکه

zemlja

بحر

more

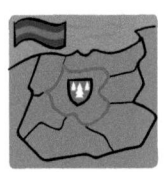

تَـاپو

otok

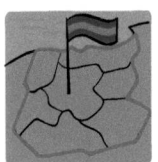

ملت

nacija

دولت

država

د مخی ساعت

brojčanik sata

د ساعت ستنه

satna kazaljka

د دقیقی ستنه

minutna kazaljka

د ثانیی ستنه

sekundna kazaljka

څه وخت دی؟

Koliko je sati?

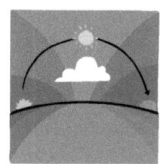

ورځ

dan

وخت

vrijeme

اوس

sada

دیجیتل ساعت

digitalni sat

دقیقه

minuta

ساعت

sat

اونۍ

tjedan

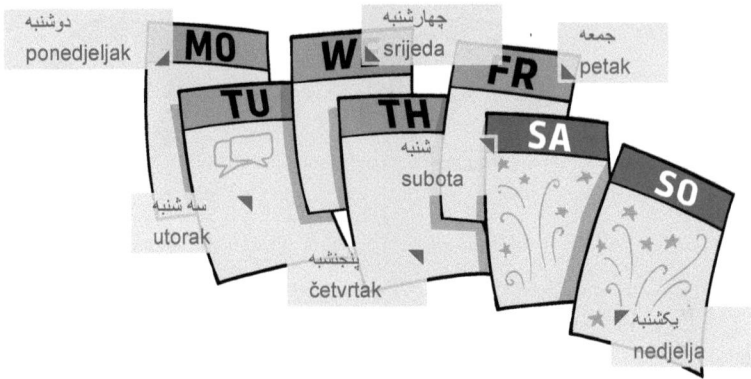

دوشنبه
ponedjeljak

چهارشنبه
srijeda

جمعه
petak

شنبه
subota

سه شنبه
utorak

پنجشنبه
četvrtak

یکشنبه
nedjelja

پرون
jučer

نن
danas

سبا
sutra

سهار
jutro

غرمه
podne

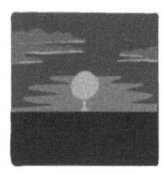

ماښام
večer

MO TU WE TH FR SA SU

کاري ورځي
radni dani

د اونۍ پای
vikend

باران
kiša

رنگين کمان
duga

واوره
snijeg

باد
vjetar

پسرلی
proljeće

مني
jesen

اوری
ljeto

ژمی
zima

د موسم وړاندوينه

meteorološka prognoza

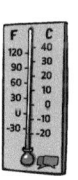

ترمومیتر

termometar

د لمر وړانگی

sunčana svjetlost

وریځ

oblak

لړه

magla

رطوبت

vlažnost zraka

رنا

munja

تندر

grmljavina

توفان

oluja

ژلی وریدل

tuča

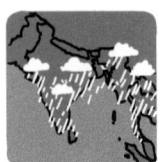

مون سون باران

monsun

سیلاب

poplava

یخ

led

جنوري

siječanj

فبروري

veljača

مارچ

ožujak

اپرېل

travanj

می

svibanj

جون

lipanj

جولای

srpanj

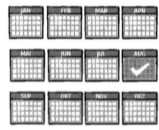

اګست

kolovoz

سپتَمبر

rujan

اكتوبر

listopad

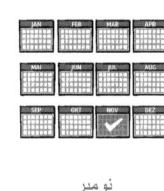

نومبر

studeni

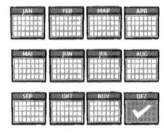

دسمبر

prosinac

oblici

دايره

krug

مربع

kvadrat

مستطيل

pravokutnik

مثلث

trokut

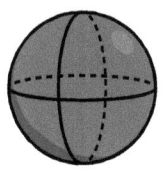

توپ

kugla

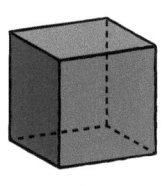

فال

kocka

سپين
....
bijela

ژير
....
žuta

نارنجي
....
narančasta

ګلابي
....
ružičasta

سور
....
crvena

ارغواني
....
ljubičasta

نيلي
....
plava

شين
....
zelena

نسواري
....
smeđa

خر
....
siva

تور
....
crna

خورا ډېر/خورا لږ

mnogo / malo

قار/ارام

ljutito / mirno

ښکلى/بدشکله

lijepo / ružno

پيل/پای

početak / kraj

لوى/کوچنى

veliko / maleno

روښانه/تیاره

svijetlo / tamno

ورور/خور

brat / sestra

پاک/ککر

čisto / prljavo

سکمل/ناسکمل

potpuno / nepotpuno

ورخ/شپه

dan / noć

مر/ژوندى

mrtvo / živo

پراخه/نرى

široko / usko

د خوراک وړ/نه خوړل کیدونکی
....
jestivo / nejestivo

بد/مهربان
....
zlo / dobro

پاریدلی/بی خونده
....
uzbuđeno / dosadno

چاق/وچ
....
debelo / mršavo

لومړی/وروستی
....
na početku / na kraju

ملګری/دښمن
....
prijatelj / neprijatelj

ډک/تش
....
puno / prazno

سخت/نرم
....
tvrdo / mekano

دروند/سپک
....
teško / lagano

لوږه/تنده
....
glad / žeđ

ناروغ/روغ
....
bolesno / zdravo

غیرقانونی/قانونی
....
ilegalno / legalno

هوښیار/ساده
....
pametno / glupo

کیڼ/ښیی
....
lijevo / desno

نږدی/لری
....
blizu / daleko

نوی/زوړ

novo / rabljeno

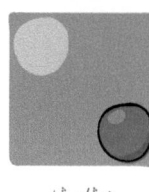

هېڅ/يو څه

ništa / nešto

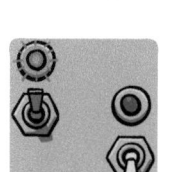

چالان/بند

uključeno / isključeno

خلاص/تړلی

otvoreno / zatvoreno

بدا/خوان

staro / mlado

غلی/لور غږ

tiho / glasno

بډايه/غريب

bogato / siromašno

صحیح/غلط

točno / pogrešno

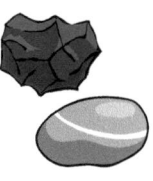

زبر/ملايم

hrapavo / glatko

خفه/خوښ

tužno / sretno

لنډ/اوږد

kratko / dugo

سست/ګرندی

polako / brzo

لوند/وچ

mokro / suho

ګرم/يخ

toplo / hladno

جګړه/سوله

rat / mir

0

صفر

nula

1

يو

jedan

2

دوه

dva

3

دري

tri

4

څلور

četiri

5

پنځه

pet

6

شپږ

šest

7

اوه

sedam

8

اته

osam

9

نهه

devet

10

لس

deset

11

يولس

jedanaest

12
سلود

dvanaest

13
سلاريد

trinaest

14
سلارٹو

četrnaest

15
سلخنپ

petnaest

16
سراپش

šestnaest

17
سلوو

sedamnaest

18
سلتا

osamnaest

19
سلون

devetnaest

20
لش

dvadeset

100
لس

stotinu

1.000
رز

tisuću

1.000.000
ميليون

milijun

ژبی

jezici

انگلسي

engleski

امریکایی انگلسي

američko engleski

چینایی مندرین

kinesko mandarinski

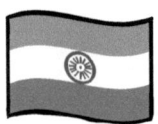

هندي

hindi

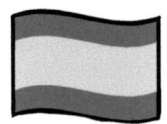

هسپانوي

španjolski

فرانسوي

francuski

عربي

arapski

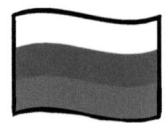

روسي

ruski

پرتگالي

portugalski

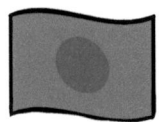

بنگالي

bengalski

ألماني

njemački

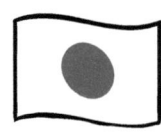

جاپاني

japanski

زه

ja

ته

ti

هغه/دغه/دا

on / ona / ono

مونږ

mi

تاسي

vi

دوی/هغوی

oni

څوک؟

tko?

څه؟

što?

څنګه؟

kako?

چیري؟

gdje?

کله؟

kada?

نوم

ime

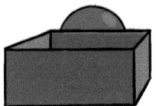

شاته

iza

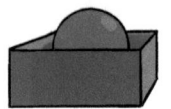

په

u

په مخه کي

ispred

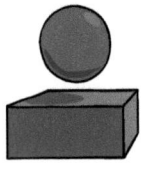

باندي

preko

په

na

لاندي

ispod

برسيره پر

pored

ترمينځ

između

ځای

mjesto